CAMBIO
ORGANIZACIONAL

ROBIN ROJAS DUNO

Cambio Organizacional

Robin Rojas Duno

Interdidactica Libros
2019

Primera Edición: 2019

ISBN 978-0-359-53573-6

www.interdidacticaonline.com.ve

Dedicatoria

A quiénes no le temen a
los cambios y los propician.

Contenido

INTRODUCCIÓN

El cambio siempre es una aspiración perenne. Al menos del ser humano. Y todos y cada uno de nosotros por alguna vez en nuestras vidas aspiramos estar montados en la ola del cambio. Participar de alguna manera en modificaciones de nuestra situación que nos haga sentir de alguna forma que pertenecemos a una especie en renovación.

Queremos salir de la escuela e incorporarnos a otro sistema de educación que sabemos que es distinto. Queremos cambiar de trabajo y formar parte de otro espacio laboral con mayores oportunidades de desarrollo y progreso. Queremos un auto nuevo con más comodidades que el que poseemos. Queremos cambiar de casa a una más funcional o más amplia. Todo lo anterior es cambio y no nos resistimos a eso.

Es por ello que ningún capítulo de este libro se llama "resistencia al cambio", aunque los teóricos de dicha propuesta hayan realizado sesudos y respetables estudios de cómo de manera natural la gente se resiste a los cambios, me atrevo a apoyar las teorías que defienden que no existe resistencia a los cambios por parte de los humanos sino resistencia a las imposiciones o en dado caso a los cambios malos.

¿Y quien puede negar que en las organizaciones grandes, medianas o pequeñas se siguen empeñando en hacer cualquier tipo de cambios desde los más pequeños hasta los más significativos a fuerza de porrazos?

¿Alguien también puede obviar que se continúan haciendo cambios mal planificados y sin sentido que cumplen el objetivo de perturbar a paz del ambiente laboral?

Y ni hablar de cambios que no son precisamente buenos, todo lo contario, son amenazantes y hasta en ocasiones peligrosos y que naturalmente generan rechazo. Y se sigue insistiendo en ellos. Y se sigue insistiendo que se trata de resistencia al cambio.

Por eso en este libro se habla de la inevitabilidad de los cambios, de cómo y por qué cambias las organizaciones, de los momentos en que se cree que se debe cambiar, de la necesidad de planificarlo, de los actores que intervienen y de algunas estrategias para llevarlo a cabo de la manera más idónea.

De esta manera se busca cambiar el paradigma recurrente cuando se habla de cambios: de la insistencia de la resistencia a la comprensión del cambio organizacional poniendo énfasis en la comunicación de los mismos y el enfoque en la gente.

Respecto a los cambios de paradigmas, es interesante lo que plantea Covey (1997:40) cuando dice:

> Pero ya sea que el cambio de paradigma nos empuje en direcciones positivas o negativas, o que se produzca de modo instantáneo o gradual, determina que pasemos de una manera de ver el mundo a otra. Nuestros paradigmas, correctos o incorrectos, son las fuentes de nuestras actitudes y conductas, y en última instancia de nuestras relaciones con los demás.

Asi, entendiendo lo anterior podemos acompañar al destacado autor cuando expresa que "el cambio comienza de adentro hacia afuera".

EL CAMBIO INEVITABLE

"Un cambio prepara para otro cambio", es una afirmación poco conocida del escritor florentino Nicolás Maquiavelo, expresada en su obra más celebrada "El Príncipe". El escritor europeo quizás quiso decir que no podemos, aunque queramos, escapar a los cambios porque forman parte de la naturaleza misma.

Muchos, desde tiempos lejanos, han estudiado ese fenómeno llamado cambio. El filósofo Heráclito lo dibujaba muy bien cuando decía "no nos bañamos nunca en las mismas aguas del río", porque el cambio siempre está allí, diciéndonos constantemente que lo que era ya no es. Y es que nuestras vidas están signadas y acompañadas siempre por un cambio. Desde pequeños, vamos observando inexorablemente transformaciones tanto de carácter interno como externo, que de alguna u otra manera determina nuestras vidas.

Es oportuno mencionar que la palabra cambio se ha hecho familiar en diferentes ámbitos de la vida. Y mediante un breve ejercicio de reflexión, nos podemos dar cuenta que con el transcurso del tiempo las cosas varían y se transforman, nada sigue igual. La naturaleza misma nos hace ver que todo lo vivo, crece, se empequeñece, adquiere otra forma, envejece, muere. Lo planteado puede ocurrirle a los seres vivientes u otros elementos que consideramos inanimado como una caja de hierro que va perdiendo su apariencia por el efecto del óxido que la transforma hasta hacerla irreconocible. Soto (2001:202) lo expresa así:

> El cambio nos ha traído a este mundo y el cambio nos llevará. Ya sea que hablemos de personas o de organizaciones. Nacemos, crecemos, nos desarrollamos y morimos. Ocupamos un limitado espacio de oportunidad, que se agotará, antes de que muchos puedan siquiera advertirlo.

Los factores que propician los cambios, incluso aquellos cotidianos y casi imperceptibles, podrían ser tanto internos cómo externos. En lo interno, podemos coloca cómo ejemplo cuando nos vemos a nosotros mismos cómo vamos creciendo y sustituyendo características físicas por otras; un tono de voz agudo por otro grave, un cabello suave por uno grueso. Siempre cambiamos. En lo externo, observamos a quienes se encuentran más próximos a nosotros y vemos a los miembros de nuestra familia cómo mutan de jóvenes a adultos en tiempos difíciles de comprender y cómo amigos de nuestros círculos cercanos y lejanos se transforman desde lo físico (haciéndolos irreconocibles) hasta lo emocional (haciéndolos irreconciliables).

Los cambios existen hasta en las promesas, que si no se cumplen y no están acorde con las expectativas construidas con anterioridad, producen cambios entre prometedor y prometido. Una promesa incumplida permite pasar el puente del entusiasmo a la frustración y cambiar la confianza por la incredulidad.

En fin, el proceso de cambio es algo que es indetenible porque es una característica de la naturaleza misma, si no alcanzamos a comprender esa premisa, los cambios nos llevaran por delante desde cualquier ámbito; familiar, círculo de amigos, organizacional. Hay que discutir la idea de que ese proceso pueda estar de alguna manera influenciado por quienes estarían afectados por el cambio, y que las consecuencias de ese cambio pudiesen ser previstas o aproximarnos a ello mediante la planeación.

No hay que olvidar que existen algunos cambios que se acercan como un huracán para entrar estrepitosamente, sin avisar ni solicitar permiso. Lo anterior, induciendo una rápida y sorprendente inestabilidad si no se está medianamente preparado para el cambio. La elección, muchas veces es saber combatir con lo que ocurre, aspirando a extraer el mejor beneficio permisible de la circunstancia.

También vale la pena recordar que el cambio ha existido desde siempre, lo que sucede es que en los tiempos que vivimos se presenta con peculiaridades diferentes, como por ejemplo hace algún tiempo atrás podíamos tener cierto nivel de certidumbre ya que se carecía de las condiciones de la dinámica actual, tanto en su insistencia como en su profundidad y generalidad.

Lo anterior nos permitía de alguna manera tener la posibilidad de actuar de forma reactiva, incluso respondiendo oportunamente sin mucho esfuerzo. Hoy en día sabemos que el cambio, entre otras características propias, es permanente, constante y regularmente acelerado. Conociendo toda esta serie de atributos, no podemos correr el riesgo de fenecer dentro del proceso; por tal razón la actuación debe ser proactiva y anticipada, y ocuparse en activarse en función de todas las peculiaridades del cambio planeado.

Como se ha venido expresando, el cambio puede surgir como consecuencias de fenómenos ocurridos en el entorno o en algún subsistema de un todo, si ese todo lo podemos considerar un sistema. Estos fenómenos pueden ser factores sociales, económicos, tecnológicos y políticos. Esencial es saber y desde luego tener en cuenta que los cambios no se originan por una sola fuerza, en sentido general actúa varias de ellas dentro de ambientes signados por la complejidad, donde se puede afirmar que es multicausal y multidimensional.

Otro aspecto interesante con respecto al cambio es que puede manifestarse de manera progresiva incremental o acelerada transformacional, el primero con pequeñas variaciones que se incrementan a través del tiempo y el segundo con variaciones más profundas y significativas para quienes se vean afectados por él.

RESUMEN

1. Los cambios, aunque los ignoremos, siempre existen.
2. Los cambios generalente viene de afuera, asi es que debemos estar alerta a lo que sucede en el entorno sin descuidar lo interno.
3. Las actuaciones ante los cambios deben ser proactivas y anticipadas, y ocuparse en activarse en función de todas las peculiaridades

CAMBIO EN LAS ORGANIZACIONES

Para muchos es muy simple. Cuando hablamos de cambio en sentido general, no estamos refiriendo a la acción de cambiar. Esto último es dar, tomar o poner una cosa por otra; además es variar, alterar.

Cuando se habla de cambio y le colocamos el adjetivo "consciente", se refiere generalmente a la capacidad de adaptación a las diferentes transformaciones del ambiente, próximo interno o lejano externo. Son de alguna forma variaciones que hay que llevar a cabo para estar a tono con lo que se mueve adentro y afuera.

Desde esa perspectiva, se hace oportuno señalar que las organizaciones no están exoneradas de lo planteado precedentemente. Como ya se ha mencionado, el riesgo de afectación del cambio puede ser en nuestras relaciones de pareja, nuestra familia, la vida social y por supuesto la laboral. Es decir, que los procesos de cambios tienen alcance hasta los sitios de trabajo, espacio temático que vamos a abordar a lo largo de todo este libro.

Muchos científicos sociales como administradores, psicólogos, sociólogos, filósofos y antropólogos se han dedicado a estudiar el fenómeno organizacional. Muchos han definido a las organizaciones como sistemas abiertos, con interrelaciones con el entorno en un estado de interdependencia. Permeable a lo que está afuera y llega por medio de esa característica o sale por la misma razón; lo cual permite que sea vulnerable a las variaciones que ocurren en el ambiente. Y esa organización que es un sistema, a su vez está integrada por diferentes subsistemas, cuya variación entre ellos genera afectación e impacto en los demás, así como a la organización vista como un todo que contiene unas partes.

Diferentes autores han venido estudiando el fenómeno del cambio en las organizaciones, y cabe destacar que ha sido de gran amplitud. Desde luego que continúan los avances en las investigaciones con nuevos aportes para tomar en consideración y amplificar la comprensión. El tema está lejos de agotarse, y por el contrario suma cada vez más adeptos que los empiezan a considerar para sus prácticas organizacionales.

Quien puede negar que el ambiente que envuelve a las organizaciones se encuentra en un recurrente y continuo movimiento y tiene como su principal atributo su dinamismo, que solicita altos niveles de adaptación a la supervivencia, tal como lo plantea Hellriegel y Slocum (2004:406):"Hay una evidencia considerable de que las organizaciones adaptables, flexibles, tienen una ventaja competitiva sobre las organizaciones rígidas, estáticas".

Una estructura en una empresa o en cualquier tipo de organización debe ser flexible para afrontar los cambios y cada decisión que se tome, cada proyecto que se inicie y cada programa que se ejecute, debe ser siempre el que se considere más adecuado y que aumente las probabilidades de invitar a cada uno de sus miembros a que se incorpore efectivamente al sistema de políticas, procedimientos y reglas que rigen, apoyados en unos objetivos y unas metas que deberían estar claros para los interesados.

Las organizaciones tienen como principal alternativa enfrentarse a un entorno inestable, de cambio constante. De esa manera, se puede concluir que para sobrevivir en estos tiempos que vivimos y para competir con agentes dispuestos a todo, hay que adaptarse y no esperar que el ambiente se adapta a mí, aunque exista sensación de equilibrio, como lo plantea Koontz (2012: 356) al afirmar:

> Las organizaciones pueden encontrarse en una especie de estado en equilibrio, con fuerzas que empujan hacia el cambio, por una parte, y fuerzas que se resisten a éste, al intentar mantener el status quo.

En consecuencia a lo anterior, es posible que se piense en equilibrio cuando las fuerzas empujan de un lado a otro con mayor empleo de energía.

Cabe señalar que en las organizaciones, como entes de convivencia humana que son, es fundamental la construcción de estructuras que permitan el desarrollo organizacional para que faciliten la coordinación de las actividades para que éstas se lleven a cabo dentro de términos de eficiencia y eficacia. Desde luego estas estructuras deberían permitir el control de las acciones de los integrantes; permitiendo aproximarse a la conversión de incertidumbres por certidumbres.

En lo que respecta al cambio, un estudio recurrente y una adecuada observancia permitirá ir manteniendo el foco en los objetivos y las metas para no enfrentarnos a sorpresas desagradables. Pero los cambios en las organizaciones no solo afectaran estructuras ya establecidas, sino en algún grado de relaciones de poder, la estabilidad de los roles y la consabida satisfacción individual en los espacios que se encuentran adentro de la organización.

Generalmente la gente busca el cambio y descuida lo relacional, haciendo énfasis en recuperación de daños materiales. Sin embargo se considera la estabilidad de roles y satisfacción en lo personal como puntos importantes que la gente desea. Pero lo más importante es que la gente desea un cambio cuando percibe un quiebre y además de un necesario diagnostico que permita el reconocimiento explícito de que hay un problema, aunado a la comprensión de la intervención en términos de "por qué" y "cómo"

Las organizaciones cambian constantemente y es imperativo tener conciencia de esas transformaciones y darse cuenta que está sucediendo. Desde ese espacio, tener conciencia de las opciones de cambio es una manera de ver la posibilidad de un cambio planeado, como debería ser en las organizaciones de toda índole. Las opciones de cambio son categorías útiles en las cuales podemos dividir a la organización, de esa manera incorporamos sencillez a los complejos cambios que se quieren implantar en la organización. De manera general, las "áreas de cambio" las podemos resumir de la siguiente manera: la tecnológica, la estructural (procesos), el ambiente físico y la gente (formación y desarrollo).

Otro elemento a considerar son los tipos de cambio, que presta especial observancia a aquellos donde la gente que integra la organización va evolucionando en sus rutinas cotidianas hacia otras costumbres y modos de hacer las cosas, es decir va transformando su cultura. En algunos casos son cambios radicales producto de casos donde predomina la emergencia y suceden de manera obligada por circunstancias generalmente externas. En otros casos son planeados para la mejora de las diferentes "áreas de cambio" de la que mencionábamos anteriormente.

No es un tema menor recalcar, la necesidad de que exista una comprensión compartida de los procesos que se llevarán a cabo dentro de la organización y que los quiebres de los hábitos que se llevaban en el pasado no interfieran en la productividad ni incorporen niveles de conflicto aguas adentro.

Existe la posibilidad real de que estos procesos se desarrollen conscientemente, aun así la realidad es que es bastante difícil anticipar las consecuencias de los cambios, lo que sí es posible es seleccionar con cierta claridad la dirección que lo facilite. Desde esa perspectiva, un proceso de cambio con un camino claro envuelve alcanzar una transformación que va desde lo personal (de allí la importancia del factor gente) que hace que la persona miembro de una organización esté mucho más presto y flexible en su disposición; por ello se hace imprescindible el iniciar un proceso de análisis de autoconocimiento que implique una revisión interior.

Y no se habla de "factor gente" refiriéndose solamente a las bases que incluye auxiliares, asistentes, analistas y supervisores. También se refiere a la gerencia y a la alta dirección, que deben comprometerse y ser promotores asiduos y convencidos de la necesidad de cambio para su efectiva implantación y contribuir diligentemente con generar espacios para el aprendizaje permanente que es sin lugar a dudas la vía más segura para alcanzarlos.

Lo anterior es necesario reforzarlo con lo siguiente: los cambios esenciales no son posible solo decretándolos, y no es suficiente con declarar la necesidad de incorpóralos a la cultura de la organización. De algún manera hoy es la oportunidad para aprovechar los tiempos turbulentos que vivimos para que los principios que nos sustentan y los valores que rigen nuestros comportamiento, representen nuestro equilibrio para la integración persona-organización; elemento imprescindible para lograr transformación organizacional.

Sin embargo, no siempre el camino esta allanado para el éxito, tal como lo afirman Hellriegel y Slocum (2004:406) cuando afirman: "A pesar de los retos, muchas organizaciones hacen los cambios necesarios, pero al mismo tiempo, el fracaso es algo común".

Lo anterior podría traducirse como tener en cuenta que la sola buena intención no es suficiente; es fundamental que los cambios tengan una finalidad y que sean sostenibles en el tiempo, que se concientice que el esfuerzo que se dedica a cambiar sea recompensado con el cambio mismo.

De tal forma que es de suma importancia estar siempre alerta, porque aunque sabemos que no es posible detener el cambio (ni su en ocasiones vertiginosos ritmo), debemos estar al menos consiente del equilibrio inestable en el que se transforma constantemente, siendo siempre de gran utilidad tener capacidad de escucha para detenerse las veces que sea necesario para lograr la comprensión requerida que permita reconducir el proceso si es necesario. Sí, es de gran utilidad estar atento por si hace falta reenfocar objetivos y metas hacia una dirección común sin olvidar que coexistimos en la organización y que todos somos uno; de no ser así vamos a darnos cuenta, tal vez tarde, que el cambio superó nuestra capacidad de respuesta.

No basta con decirlo una vez: los cambios organizacionales no pueden dejarse al azar, ni a la inercia de la costumbre, mucho menos a la improvisación, deben planificarse adecuadamente. Atendiendo a las tendencias de las personas a resistirse a los cambios, desarrollando por medio del aprendizaje (también planeado) para desarrollar aptitudes y actitudes con apertura al cambio. Una cultura que reciba las buenas iniciativas y rechace las malas.

RESUMEN

1. Desarrollar una comprensión compartida de los procesos de cambio que se llevarán a cabo dentro de la organización.
2. Estar atentos a nuestra capacidad de respuesta.
3. Las acciones ante los cambios en las organizaciones no pueden ser improvisadas.

EL MOMENTO PARA CAMBIAR

Casi siempre desde la alta dirección de las organizaciones, existe la conciencia de la necesidad de cambio. Están de alguna u otra manera atentos al entorno y las transformaciones que allí se suscitan y eso los hace intuir que no se pueden quedar atrás y verse arrollados con los cambios externos sin cambiar adentro.

La pregunta recurrente entonces es cuando es el momento oportuno para cambiar y adecuarse a los tiempos que se viven. La duda siempre existe y mientras pensamos en ese momento de inicio, es posible que posterguemos la decisión hasta que sea demasiado tarde y el cambio, desde afuera, nos arrope.

No existe una respuesta que garantice el momento más acertado para cambiar, ante todo es necesario exponer que lo primero es estar consciente de la existencia de una situación que se percibe que requiere de cambios; que existe una solución y que se está en disposición de encontrarla. Ese estado de ánimo que implica convicción es imprescindible para trasmitirlo al resto de la organización ya que va a contribuir enormemente a que "las cosas sucedan"

¿Y qué situaciones requieren cambios? No hay que olvidar que hoy en día las organizaciones están expuestas a una gran cantidad de dificultades que pudiesen interferir en contra de su integridad y resultados, algunas son: baja productividad, baja rentabilidad, elevación de los costos, baja calidad de los productos y servicios ofertados o desaprovechamiento de los recursos tecnológicos disponibles y del talento humano de la organización.

Las mencionadas dificultadas pudiesen tener diferentes orígenes. Entre las causas más comunes están insertas estructuras organizacionales mal planteadas y deficientes, diseños mal planteados o incompletos, declaraciones de misión y visión hechas a la carrera, personal supervisorio mal preparado, sistemas de comunicación desactivados entre otras muchas causas por enumerar.

La idea fundamental que proporcione la necesidad de iniciar un proceso de cambio es identificar, ante situaciones como las anteriormente descritas, la posibilidad de revertirlas, con un proceso de cambio que sea entendido y desde luego provechoso para la organización.

Tal como lo apreciamos, la esencia es construir un puente que ayude a cruzar desde una situación existente hacia otra que se plantee, donde se atiendan los elementos que intervienen para lograrlo dentro de la dinámica organizacional, para que exista la consabida trasformación en los términos previamente planteados.

Todo lo anterior sin perder de vista la consideración de cambio como un fenómeno natural y de ocurrencia continua. Por lo que se hace imperativo el accionar de forma proactiva, evitando que se produzcan sorpresas que desorienten en el camino trazado, lo que nos indica la importancia del cambio planeado en las organizaciones.

Para aproximarnos a una decisión acertada es esencial que los pioneros del proceso de cambio sepan identificar las señales (y de donde provienen) que indican el mejor momento para iniciar las diligencias necesarias para iniciarlo, dos de estas son:

- El entorno. El ambiente donde se desenvuelve la organización puede ser el generados de señales que nos indiquen el momento para cambiar. Cómo está caminando la economía, el ambiente social o los avances tecnológicos pueden ser indicadores de la necesidad de cambio. Es necesario que los líderes estén alertas a estos elementos para de alguna manera determinar el momento de iniciar los procesos orientados a cambiar.

- El intorno. Existen señales que surgen desde adentro y necesitan ser tomadas en consideración. El advenimiento de crisis producto de mala administración, ineficiencias operativas, conflictos recurrentes entre las personas también nos aportan elementos para decidir cuándo comenzar a implementar cambios de manera planeada en la organización.

- Replanteo de cultura. Es, fundamentalmente, una señal que parte de la observación y la escucha de los que toman decisiones en la organización. El cambio puede estar dirigido como un medio para fomentar una mejor relación entre los miembros de la organización, a través de nuevas formas de "hacer las cosas" que también contribuyan a que la gente se sienta más motivada y por ende más identificada.

El cómo empezar también siempre estará muy relacionado con el cuándo cambiar. Y es que en ocasiones las organizaciones presentan una especie de estado de ansiedad para iniciar las transformaciones que considera necesarias y se enfoca en iniciarlas en el momento oportuno.

Incluso pudiesen ser atinados en escoger el tiempo más indicado para iniciar un proceso de cambio. Tomada la decisión es pertinente saber el cómo voy abordar el comienzo de una serie de etapas que se van a ir incorporando al accionar de la organización. Senge (2000:38) aporta luces al respecto al afirmar lo siguiente:

> El cambio profundo requiere de inversiones de tiempo, de energía y de recursos. Requiere por lo menos de un grupo piloto inicial genuinamente comprometido con los nuevos propósitos, métodos y ambientes de trabajo de la organización.

Es menester de la organización escoger a quienes de muestran mayor disposición para los cambios propuestos y brindar todo el apoyo que sea necesario para crear una plataforma de generación de cambios revestida de auténtico compromiso.

RESUMEN

1. Es necesario estar consciente de la existencia de una situación que se percibe que requiere de cambios
2. Es pertinente insistir en la consideración de un cambio como un fenómeno natural y de ocurrencia continua.
3. Escoger como "brazos derechos" a quienes de muestran mayor disposición para los cambios

GESTIONAR EL CAMBIO

Muchas veces, en las en las organizaciones, nos corresponderá observar la falta de compromiso de las personas con el cambio. Esto ocurre, porque la mayoría de las veces las personas no saben que le depara ese proceso. Para ellos vivir en la incertidumbre no es sencillo y optan por resistirse a los cambios, pudiendo traer beneficios al corto, mediano o largo plazo.

También le temen a los procesos de cambio, por no saber cómo actuar ante ellos. A razón de que lo nuevo no es algo definido, una manera de defenderse de lo desconocido es aferrándose a lo que se conoce y consecuentemente negando lo nuevo. Así es difícil que los procesos de cambio se lleven a cabo satisfactoriamente, debido a que su efectividad está vinculada al grado de compromiso de las personas relacionadas con él. De tal forma que es fundamental entender que las personas no pueden ser atropelladas en el proceso, como si fueran algo ajeno al mismo.

Indefectiblemente, la efectividad de los cambios es directamente proporcional al compromiso de las personas por llevarlo a buen puerto. Por ello es imprescindible la integración de la gente por medio de mecanismos de participación al proceso.

Hablar de gestión del cambio, constituye uno de los aspectos más relevantes del proceso de gerencia y dirección de organizaciones hoy en día. Toda vez que tanto el gerente como la organización empiezan a confrontar situaciones singulares de cambio en su entorno que deben evitar ser tratadas y atendidas de manera diseminada, al contrario, requieren de una comprensión y una plataforma de conocimiento mínima que garantice hasta cierto punto las transformaciones necesarias en la organización.

Pero hay que subrayar, que desarrollar un proceso de cambio en una organización no es tarea que se pueda catalogar como fácil. Involucra una serie de elementos que requiere de mucha dedicación y concentración; además de calibrar si realmente la organización está realmente preparada para los cambios, para absorberlos e incorporarlos a su cultura.

No es fácil que los integrantes de una organización comprendan la importancia y en consecuencia se comprometan teniendo siempre presente que es un proceso que vale la pena acompañar, de carácter progresivo y permanente.

De tal manera que se deben atender dos dimensiones básicas de las organizaciones: la técnica y la relacional. La dimensión técnica abarca todo el conocimiento necesario para que se lleve a cabo de manera eficaz el trabajo diario, pudiéndolo resumir como la aptitud de los miembros de la organización. Y la dimensión relacional se refiere a las habilidades de relacionarse unos con otros con elementos apalancadores como la comunicación, el trabajo en equipo y el manejo acertado de los conflictos, en este caso lo podríamos resumir como la actitud de las personas que hacen vida cotidiana en el espacio laboral.

Si no existe una actitud de apertura, de manera honesta y autentica, es posible que los cambios se lleven a cabo pero a un costo muy alto. Aparecerán en el futuro las consecuencias de esas fricciones que crearon asperezas en el momento de la implantación y más pronto que tarde aparecerán expresadas en retaliaciones o retardos que parecen ser, por falta de atención, inesperados.

Hay que explicar, incluso con todo el detalle que se requiera, la importancia que reviste llevar a cabo de manera efectiva los cambios. Se tiene que hacer énfasis en el aprender que no se trata de implantar por capricho los últimos modelos de la gestión empresarial, sino de ser capaces de anticipar situaciones y crear una estructura organizacional lo suficientemente flexible como para responder satisfactoriamente a ellos.

Quienes quieran cambiar a nivel organizacional se encontrará con muchas opiniones respecto a como deben hacerse los cambios, por lo cual es importante estar claro en que nos basamos para adentrarnos en un proceso que pretenda gestionar cambios. Koontz, Weihrich y Cannice (2012:58) se refieren a eso cuando expresan:

> A menudo los gerentes se ven bombardeados por nuevos conceptos gerenciales o antiguos, casi siempre disfrazados con nueva terminología, todos diseñados para hacer frente al cambio gerencial demandado por la competencia global, las expectativas de los clientes y la necesidad de responder con rapidez a los cambios ambientales.

Esto implica saber seleccionar, tanto los conceptos que justifican la decisión de cambiar así como las estrategias coherentes con la teoría para darle un piso más sólido al complejo proceso que se llevara a cabo.

Ciertamente iniciar un proceso de cambio organizacional y gestionarlo puede sr visto como una labor complicada, porque lo es. Pero hay que tomar en cuenta que son muchos los beneficios que puede brindar a la organización.

RESUMEN

1. La efectividad está vinculada al grado de compromiso de las personas relacionadas con él.
2. Si no existe una actitud de apertura, de manera honesta y autentica, es posible que los cambios se lleven a cabo pero a un costo muy alto.
3. Hay que explicar, incluso con todo el detalle que se requiera, la importancia que reviste llevar a cabo de manera efectiva los cambios.

EL CAMBIO PLANEADO

En párrafos anteriores se expuso muchas de las características más prominentes de los procesos de cambio, donde también se expresó la atención que deberíamos dar para que los resultados se parecieran bastante a los propósitos, haciendo énfasis en la naturaleza de los cambios entre lo que destaca su carácter permanente y constante.

De allí que queramos o no en las organizaciones suceden constantemente cambios, en su mayoría pequeños pero en ocasiones contundentes. Sin embargo, la mayoría de los cambios tienen un carácter imprevisto y son atendidos de manera reactiva por quienes corresponde. Estos cambios, aunque necesarios y muchas veces bien atendidos no son planeados ni responden a un esfuerzo de anticipación, ni a maneras proactivas de incluso provocarlos.

Sabiendo esto, el cambio planeado es oportuno realizarlo por diferentes razones, tanto externas como internas como ya se ha comentado. Vale recordar que en el primer caso, puede ser una amenaza que dificulte el desarrollo de la organización o entorpezca sus objetivos fundamentales y en el peor de los casos poner el peligro la existencia de ésta; de igual manera el cambio pudiese ser por opciones externas positivas como la interpretación de oportunidades de negocio en el entorno que requiere cambios para adecuarse a ellas. En el segundo caso, puede deberse a debilidades detectadas en la forma de "hacer las cosas" o en un caso orientado a lo positivo en el incremento de las fortalezas en una o varias áreas de competencia de la organización.

Pero, aunque se conozcan con "exactitud" las razones que nos obligan a cambiar, es vital también saber hacia dónde nos queremos dirigir, cual es el camino que se quiere tomar. Saber el "lugar" al que vamos, la vía para llegar a él y el tiempo que se tomará alcanzar el objetivo. De esa manera sabremos si hemos completado el viaje o si el cambio se completó según las expectativas. Lo anterior lo apoya Soto (2001:205) cuando dice:

> Un cambio planeado dentro del trabajo tiene una dirección hacia la meta que permita observar a lo largo del plazo si se ha cumplido o no. Si terminado el plazo se encuentra que no ha sido cumplido, entonces hablamos de un cambio incompleto. Si por el contrario, el cambio se ha logrado antes de lo planeado, hablamos de un cambio completo.

Es lamentable saber que al menos tres cuartas partes de los cambios organizacionales son incompletos y terminan generando frustración, no solo porque quienes promueven los cambios, sino también para todo el que esté involucrado o haya sido afectado en el intento. De tal forma que incrementar fortalezas que aumenten la disposición al cambio planificado será siempre una ventaja competitiva de gran valor.

Y es que el incremento de las fortalezas tiene, de una manera u otra, que estar asociado al incremento del conocimiento, una columna fundamental en los procesos de cambio planeado, tal como lo expresan French y Zawack citando a Chin y a Benne (2007:34):

> Un elemento presente en todos los métodos para implantar el cambio planeado es la utilización consciente y la aplicación del conocimiento como un instrumento o herramienta para modificar patrones o prácticas instituidas.

Ahora bien, cuando se planea el cambio por las razones que se consideren pertinentes, debe contemplar la participación de los integrantes de la organización, para que se active por medio de un sistema idóneo y efectivo de comunicación que promueva el compromiso para asumir los retos y la flexibilidad para adaptarse a los medios para conseguirlos. Una adecuada planificación permite respuestas creativas, innovadoras y de carácter proactivo que permitan la entrada a los procesos que conducen, de una manera planificada, al cambio.

Es importante resaltar que el cambio planeado permite, con suficiente tiempo de antelación, realizar un trabajo que atenúe las fuerzas de resistencia y oposición, y fortalezca las que colaboran, impulsan y promueven el proceso de cambio.

De igual forma posibilita que los llamados agentes de cambio puedan alcanzarlo sobre la estructura organizacional, los elementos tecnológicos y el talento humano que forma parte de la organización, mediante la creación de grupos de apoyo que van a permitir llegar a la situación deseada. Tal cómo lo menciona Senge (200:37):"Nada puede crecer en una forma autosostenida si no existen procesos de refuerzo que lo apoyen"

Existen algunos propósitos que están relacionados con el cambio planeado, entre los cuales vale la pena resaltar dos, como lo son:

- Invitar, convencer e influenciar en cambios del comportamiento de los que integran la organización.
- Mejorar, incrementar y optimizar las capacidades de la organización, logrando su adaptación y ajuste los cambios del medio ambiente.

Es preciso exponer, con relación al papel de los agentes de cambio en los procesos de transformación organizacional que no es suficiente con su planteamiento, preparación y buena voluntad, sino que es imprescindible la comprensión y la participación de los demás miembros de la organización.

La gestión de los procesos de cambio suele ser vista con preocupación y ansiedad por quienes deben hacerse cargo de los mismos. Los retos de liderar un proceso de cambio hacen que la direccion unipersonal sea un enfoque insuficiente. Para hacerle frente a la complejidad de los procesos de cambio, autores como Lewin (1951) han planteado elementos para la realización de los cambios con efectividad. El citado autor ha mencionado dos barreras oara alcanzar lo anterior:

- Las personas no estaban en disposición de cambiar el comportamiento que durante tanto tiempo habían demostrado.
- Las personas, si existían cambios, regresarían posteriormente a su comportamiento anterior.

Visto lo anterior, es sencillo inferir que cambiar no es precisamente algo fácil. En principio porque aun cuando estén en disposición de hacerlo, existe alta posibilidad de regresar a su patrón anterior de comportamiento. Lewin propuso la estructura de un proceso con el propósito que el cambio sea efectivo y además sostenible en el tiempo. La idea, básicamente consiste en descongelar valores antiguos, cambiar y recongelar nuevos valores.

Su modelo de tres pasos, es el siguiente:

Descongelar

En esta primera etapa, se les explica a las personas que integran la organización de manera muy clara y sencilla, toda la información relacionada con el cambio, con el objeto que estas lo asimilen con facilidad y logren incorporarse al "estado de conciencia de apertura al cambio" para que se conviertan en colaboradores del mismo.

Es fundamental tomar en cuenta algunos aspectos relacionados con la preparación y que van a ser muy útiles al momento de iniciar el proceso. Se debe explicar el "porqué" del cambio, es decir cuál es el propósito de querer sustituir algo por otro; de igual forma el "qué" o cosas que se va a cambiar; por otro lado debe quedar claro el "cómo", refiriéndose de manera transparente la estrategia para alcanzar lo deseado, donde es pertinente que se especifique con detalles para que no queden dudas en torno a los pasos a seguir.

En resumen, descongelar implica trasladar la necesidad de cambio a un sentido de urgencia para que la organización toda la acepte.

Movimiento

Comprende la puesta en práctica de todo lo planificado, con un enfoque que abarque a la organización toda, es decir que incluya a todos sus miembros, sin excepción.

En esta etapa se incorporan valores y se explican principios para que sean adoptados para generar a su vez cambios de comportamiento en la gente, que son al fin y al cabo los protagonistas del cambio y su evidencia más fehaciente de que está ocurriendo. Es vital que por medio de algún tipo de indicadores se logre medir el progreso del proceso y los resultados que éste va arrojando.

Los agentes de cambio juegan un rol singular, ya que van a nutrir a los demás miembros de la organización de sus valores, principios y sus comportamientos; convirtiéndose en modelos de la nueva realidad, por tanto se hace necesario que estén bien identificados y excelentemente formados para llevar a cabo sus acciones que van en la búsqueda de crear conciencia acerca de la necesidad permanente de cambio y concretarlo de manera eficiente, eficaz y efectiva.

Recongelar

Es una de las etapas más exigentes de las propuestas, ya que procura el reforzamiento de los cambios realizados para que se incorpore a la organización y su cultura y los valores, principios y comportamientos se conviertan en acciones con una recurrencia que se pueda decir que forma parte de su cotidianidad.

Deviene en la transformación de "la manera de hacer las cosas" de los miembros de a organización y que esas nuevas modalidades de accionar se conviertan en regla general o patrones de comportamiento diferentes a los que se tenían antes de iniciar el proceso de cambio y acorde con lo planificado.

RESUMEN

1. Descongelar implica trasladar la necesidad de cambio a un sentido de urgencia para que la organización toda la acepte.
2. Moverse es implantar y es vital que por medio de algún tipo de indicadores se logre medir el progreso del proceso y los resultados que éste va arrojando.
3. Recongelar busca el reforzamiento de los cambios realizados para que se incorporen efectivamente a la organización

LA TRANSICIÓN: DESAFIO A LA CULTURA

Se puede decir que la transición es una figura intermedia entre lo que se quiere y lo que está. Es el puente que nos lleva de la situación inicial a la situación deseada, que consideramos provechosa, sabiendo que la última también podría cambiar por factores no previstos o por sencilla flexibilidad.

En el momento de la transición nos encontramos de igual manera con ese monstruo de mil cabezas que es la cultura; domesticarlo es un auténtico reto para quienes aspiran al cambio en la organización porque presenta una complejidad que requiere de atención particular.

La cultura de una organización puede señalarse en primera instancia como el modo de hacer las cosas en determinado espacio de interacción humana.

Allí, en el periodo de transición, empezamos a darnos cuenta de las dificultades, obstáculos o trabas que nos impone la misma cultura, acostumbrada a operar de una manera distinta a la que se propone, entendiendo cultura organizacional tal como lo proponen Koontz, Weihrich y Cannice (2012:263) : " la cultura organizacional es el modelo general de comportamiento, es decir, las creencias y los valores compartidos que los miembros tienen en común".

La cultura organizacional es el "ecosistema" dentro del cual suceden las cosas. Se genera cultura en las organizaciones cuando se construyen acuerdos tácitos entre los miembros de cómo hacer las cosas. Hellriegel y Slocum (2004:415) hablan al respecto: "Una cultura organizacional surge cuando los integrantes comparten conocimiento y supuestos, conforme descubren o desarrollan formas de hacer frente a los aspectos de adaptación externa e integración externa".

Es por ello que adaptarse, entendiendo el cambio como un proceso natural, es vital para sobrevivir. Es la opción a tomar, pero hay que tomar en consideración que nos vamos a encontrar con resistencias. Si, el "viejo" modo de hacer las cosas se resiste y no permite que se abandone las desventajas de hacerlo de esa manera de tal forma que pudiesen hacerse invisibles los beneficios de cambiar. En la transición la fragilidad del cambio es evidente. Y una de las propósitos de disciplinas tales cómo el caso del Desarrollo y la Psicología Organizacional, como lo explica Schein citado por French y Zawacki (2007:115):

> Una de las principales funciones del campo del DO ha sido ayudar a las organizaciones a guiar la dirección de su evolución; es decir, mejorar los elementos culturales que son considerados críticos para mantener la identidad y promover el "desaprendizaje" de los elementos culturales que son vistos como cada vez más disfuncionales.

Es, como se ha visto, dejar de hacer lo que no corresponde de acuerdo a los cambios y evolucionar hasta una cultura diferente con más cualidades que la anterior. De allí que la etapa de transición es fundamental porque es donde se empieza a sentir que se están llevando a cabo los cambios, o por el contrario se están retrasando o son inexistentes.

Esta etapa es engañosa porque puede hacernos pensar que el cambio se ha iniciado y lo que está sucediendo realmente es que se está postergando aunque se anuncie y se comunique que está en marcha.

Y es en esa transición que la cultura organizacional muchas veces hace las veces de una gran muralla que impide el paso a los cambios, que en ocasiones se detienen ante ella. Koontz, Weihrich y Cannice (2012:266) se refieren a ello cuando dicen:

> Cambiar una cultura puede referir largo tiempo-en algunos casos puede tomarse de 5 a 10 años- ; exige cambiar valores, símbolos, mitos y comportamientos; puede requerir primero, comprender la antigua cultura, luego identificar una sub-cultura en la organización y recompensar a los que viven esta nueva cultura.

Se entiende que no es tarea sencilla y que necesita de mucha perseverancia y constancia, así cómo mecanismos que administren unos recursos para utilizarlos cuando la situación lo amerite dentro de unos términos determinados por la pertinencia.

También es observable un decaimiento temporal del nivel de desempeño, como consecuencia de la carencia de las condiciones necesarias para operar en el nuevo ambiente, tanto a nivel organizacional como personal y de la necesidad de aplicar los recursos disponibles en dos frentes simultáneamente (el viejo y el nuevo esquema de trabajo).

El desafío en todo este proceso es claro, Consiste en minimizar el decaimiento temporal, pero sin reducir la profundidad que los cambios sugieren y evaluar de manera constante por medio de mecanismos de carácter cuantitativo y cualitativo con el propósito de saber si el proceso sigue el rumbo que se espera.

Además de lo que se ha expuesto en relación a la cultura de las organizaciones, no hay que perder ni por un momento en que ámbito geográfico se encuentra físicamente la organización, ya que es un factor determinante para comprender que sucede puertas adentro y tener conclusiones más precisas vinculadas a la caracterización de la misma.

La cultura de las empresas europeas no es igual a las de sus pares norteamericanas y éstas tienen marcadas diferencias con las latinoamericanas, afirmación que subraya Soto (2001:221) con respecto a los cambios:

> La cultura empresarial latinoamericana no ayuda mucho en la consecución de los cambios totales. Eso podríamos verlo cómo bueno y malo. Malo porque dificulta los cambios drásticos que puedan hacer productivo al negocio; bueno porque mantiene un toque humano en la organización, que piensa en otros factores emocionales acerca de seres de carne y hueso.

Se puede deducir entonces que el aspecto relacional de las organizaciones tiene una relevancia sobresaliente en las organizaciones latinoamericanas, pareciéndose lo que sucede dentro de ellas a lo que sucede en las calles de sus ciudades y pueblos.

Incluso las empresas, ubicadas en áreas geográficas distintas a la cultura predominante, como organizaciones latinoamericanas en los Estados Unidos, tienen tendencia a preferir los valores, las creencias y los patrones de comportamiento asociados a la cultura de sus países de origen.

Pero inclusive, en situaciones de cambios complejos como las fusiones de empresas, en donde se encuentran dos culturas que en ocasiones son diametralmente distintas ocurre que mediante procesos de fagocitación una cultura se come a la otra; extinguiéndose una de ellas dándole paso a la otra. A veces lo anterior ocurre de manera inconsciente, sin que quienes están detrás de los procesos de cambio se percaten de lo que está, frente a sus narices, sucediendo.

Una cultura puede barrer a la otra, incluso sin ejemplificar con fusiones. El mismo cambio pudiese proponer una modificación bien acentuada de la cultura actual. Mead (1985) propuso tres tipos de cultura que bien pueden extrapolarse al ambiente organizacional: postfigurativa, cofigurativa y prefigurativa.

La primera se refiere a la influencia que mantienen las tradiciones y demás elementos del pasado en la cultura. Son organizaciones donde se "vienen haciendo las cosas" de la misma manera durante muchísimo tiempo, con una ruptura generacional incipiente. Los cambios en organizaciones con cultura postfigurativa, con profundo arraigo en el pasado, son difíciles de cambiar o los cambios son generalmente "cosméticos" o sin permanencia en el tiempo.

La segunda, cultura cofigurativa, está vinculada al influjo que ejerce componentes del presente donde se incluyen agentes de cambio sin conexión con el pasado. Es la cultura de lo actual en busca permanente de su identidad, re-construyendose constantemente sin mirar hacia un pasado que no le es atractivo. Es, según sus características, más propensa al cambio que la postfigurativa.

Llegando a la tercera, podemos afirmar que la cultura prefigurativa está mirando con mucha atención hacia el futuro, y sus valores, crrencias , patrones de comportamientos están diseñados para ir hacia allá. Es la que tiene, sin lugar a dudas mayor inclnacion hacia los procesos de cambio, inclusive los promueve y está en la mente de cada miembro de la organización.

De lo anterior, no hay que perder de vista que el componente humano tiene que formar parte de los "aceites" que van a contribuir a que se deslice el cambio. Una maquinaria bien aceitada siempre va a funcionar mejor. Soto (2001:221) lo manifiesta así: "En conclusión, la cultura juega un papel crucial en la gestión del cambio. La sensibilidad humana es fundamental para poder afectar de manera planeada el ambiente"

RESUMEN

1. Los cambios en organizaciones con cultura postfigurativa, con profundo arraigo en el pasado, son difíciles de cambiar
2. La cultura cofigurativa es según sus características, más propensa al cambio que la postfigurativa.
3. La cultura prefigurativa está mirando con mucha atención hacia el futuro, y tiene, sin lugar a dudas mayor inclnacion hacia los procesos de cambio,

LOS ACTORES DEL CAMBIO

Las personas que se encuentran en una organización donde se pretenda implantar un proceso de cambio, generalmente juegan diferentes roles que van a desempeñarse de acuerdo a su percepción de beneficios o perjuicios. A esas personas, como en una representación teatral, las podemos denominar actores. Los actores son todos aquellos que, en medio de un proceso de cambio, reaccionan a él de una manera u otra e influyen para que se lleve o no a cabo. Son, los que de una u otra manera, demuestran su disposición al cambio; French y Zawack (2007:260) citan a Armenakis y Harris para ahondar más en el tema:

> La disposición, que es similar al proceso de descongelación de Lewin de 1951, se refleja en las creencias, actitudes e intenciones de los miembros de la organización en relación con el grado al que se necesitan los cambios y la capacidad de la organización para hacer esos cambios de forma exitosa.

Es fundamental que quienes estén en la disposición de iniciar un proceso de esta naturaleza, estén atentos e identifiquen la disposición de los diferentes actores que hacen vida en la organización, ya que permitirá a los agentes de cambio ubicar a quienes apoya o adversan el cambio, y asignarles tareas de acuerdo a su nivel de compromiso así como plantearse la idea y generar acciones que permitan persuadir a quienes están en el grupo y se encuentran en desacuerdo ya sea de una manera pasiva o activa.

Los actores, tal como en una película, van a determinar en gran medida la calidad del cambio que se pretende o que se está efectuando. Con sus acciones e interrelaciones impactan en la manera cómo se alcanzan los resultados parciales y por ende el resultado final. Al respecto Porras citado por French y Zawack (2007:70) dice:" Los miembros de las organizaciones deben cambiar sus comportamientos en el puesto con el fin de que la organización cambie durante un periodo largo". Lo anterior implica esntender que no es solo un cambio de estructura, sino una modificación sustancial de la conducta de la gente.

Hay que identificar quienes podrían estar en disposición de cambiar. La "sangre" de las organizaciones es precisamente su gente y si no se observa ni se atiende su comportamiento, la inversión de recursos se convertiría en un gasto inútil. Chiavenato (2009:413) apunta a lo anterior cuando manifiesta:

> Muchos programas de cambio organizacional simplemente no funcionan porque se limitan a cambios en el trabajo y no en la actitud ni en el comportamiento de las personas. El primer paso es cambiar el comportamiento individual para así tener condiciones que propicien el cambio en el comportamiento organizacional.

De acuerdo a ello, podemos visualizar la importancia de las personas en los procesos de cambio. Su influencia y cómo hacen avanzar o retrasar los cambios. A los actores del cambio los podemos calificarlos de la siguiente manera:

Promotores

Los promotores son agentes de cambio propiamente dichos; tienen una convicción acentuada de la necesidad de cambio y lo manifiestan por medio de su disposición a fomentarlo a través de herramientas concretas como la planificación y la organización. Su mensaje permanente es el de propiciar el cambio como algo permanente y constantemente están generando ideas y a partir de ellas propuestas para cambiar.

Colaboradores

Están siempre en disposición para colaborar que los procesos de cambio sean exitosos. Tiene una actitud favorable a las transformaciones en la organización y lo expresan abiertamente. Poseen excelentes relaciones con los promotores y están atentos a las sugerencias e instrucciones de ellos para mantener vivo el cambio.

Contribuyentes

Aunque no estén en permanente posición para colaborar activamente en los procesos de cambio le simpatiza la idea de cambiar y lo observan como algo positivo. Demuestran que están dispuestos a contribuir con ideas o con acciones y mantienen esa disposición en sus mensajes.

Indiferentes

Son los que se muestran indiferentes a los cambios y no demuestran interés en ellos, de tal forma que su contribución es incipiente para que se lleven a cabo. No le simpatiza la idea de cambiar pero tampoco le parece antipática. Su tendencia es a seguir realizando sus actividades tal como se ha venido haciendo hasta que sienten que la presión es inevitable, entonces den sus posiciones y cambian.

Resistentes

Los resistentes no le gustan los cambios y como su nombre lo indica se "resisten" a ellos cuando se proponen en la organización. Generalmente se sienten amenazados ante la posibilidad de que no siga continuando lo cotidiano y lo que con el tiempo se ha instaurado. Se caracterizan por ser conservadores o mal informados en el mejor de los casos y temeroso y desmotivado en el peor.

Opositores

Los opositores al cambio tienen una característica en común: se oponen a todo lo que huela, suene y se vea como cambio. Casi nunca las explicaciones son suficientes para aceptarlo y desarrollan estrategias para combatirlo de una forma abierta o solapada. Están siempre en disposición de enviar mensajes negativos acerca de cambiar.

Adversarios

Son generalmente enemigos del cambio. Pocas probabilidades de que lo acepten y se convierten en férreos combatientes de transformaciones en la organización. Sus enfrentamientos son frecuentes cuando su adversidad es abierta. Resultan más peligrosos cuando sus manifestaciones son encubiertas ya que su no identificación puede facilitarle el que reclute gente para su causa.

Los primeros integrantes de la lista de actores, es decir los promotores, colaboradores y contribuyentes se pueden considerar agentes de cambio, unos más activos que otros pero con disposición a él de manera positiva. Los segundos, los indiferentes, resistentes, opositores y adversarios, estarán en quienes rechazan las iniciativas de cambio, algunos de ellos combatiéndolas de manera encubierta o directa. Lo cierto es que hay que considerar las consecuencias de no aceptarlo, como la que expone Woods (1999:384):

> En otras palabras, la flexibilidad y la disposición a aceptar el cambio lo harán un elemento más valioso para su organización-alguien de quien se pueda depender para para enfrentar oportunidades y circunstancias distintas. Tal vez no le agraden todos los cambios que se presentan, pero puede estar seguro de que, si se resiste a ellos, no prosperará.

Lo que quiere decir que si no cambiamos, nos cambian. Y ese cambio puediese no ser si no el más conveniente, uno más desagradable; tener que dejar una organización por resistirnos a los cambios.

RESUMEN

1. Los actores, tal como en una película, van a determinar en gran medida la calidad del cambio que se pretende o que se está efectuando
2. Los promotores, colaboradores y contribuyentes se pueden considerar agentes de cambio, unos más activos que otros pero con disposición a él de manera positiva.
3. Los indiferentes, resistentes, opositores y adversarios, estarán en quienes rechazan las iniciativas de cambio, algunos de ellos combatiéndolas de manera encubierta o directa.

QUIÉNES HACEN LOS CAMBIOS

Siempre nos preguntamos, a nivel organizacional, quienes son los responsables de los cambios; a quienes les corresponde organizarlos y reportar cual es la situación en cada una de sus etapas.

Realmente no es una pregunta sencilla de responder. Ya que va a depender de muchos factores que van a determinar quiénes serán las personas más idóneas para llevar a cabo la no tan sencilla tarea de cambiar.

Desde la dimensión técnica y la capacidad "dura" para llevar a cabo los procesos hasta la dimensión relacional y su capacidades "blandas" que va a permitir combinar dos aspectos de suma importancia para que el cambio sea verdaderamente efectivo: una sólida estructura que soporte los procesos haciéndolos técnicamente coherentes con los propósitos y una plataforma de relaciones que facilite la comunicación, la motivación y el entusiasmo por cambiar.

Conocimiento de intervenciones tecno-estructurales, capacidad para recopilar información de forma adecuada, habilidad para realizar informes y reportes, destrezas comunicacionales, competencias para el manejo de conflictos, comprensión estratégica de las situaciones, pericia para trabajar dirigiendo e integrando equipos y disposición para el aprendizaje continuo mediante la investigación son solo algunos de los elementos que distinguen a las personas que están preparadas para asumir procesos de cambio.

De esas personas es que depende muchas veces que los cambios sean efectivos, que se perciban y se sientan como se siente que desplazarse de un sitio a otro y poder exclamar que se está en movimiento en dirección a un nuevo destino. Un viaje que implique cambio pero uno planificado, como dice French y Zawacki (2007:92):

> El nombre del juego es el cambio planeado. Los programas de mejora de la organización requiere de quienes los implanten comprendan los procesos de cambio y conozcan la naturaleza de las organizaciones

Desde luego que hay que precisar esa comprensión. En las organizaciones nos podemos encontrar con gente muy preparada técnicamente, que posee todas las herramientas para llevar a cabo procedimentalmente los cambios; que disponen de un conocimiento que va desde lo conceptual hasta lo eminentemente práctico referentes a modificaciones de la realidad organizacional. Saben que se tiene que comenzar mediante un diagnóstico y cuentan con los instrumentos necesarios para realizarlo de forma que se consideren las variables pertinentes. También sabe las etapas que deben llevarse a cabo y su orden lógico y sistemático apoyada en teorías de reconocidos autores sobre el tema.

Pero sucede que esa misma gente se le hace difícil explicar que se está haciendo y porqué; tiene conflictos con sus compañeros por su "perfección" en el trabajo y le cuesta liderar con ecuanimidad a los miembros de su equipo.

También puede ocurrir que son muy buenos comunicando ideas y explicando propositos, demuestran empatía por las personas afectadas por los cambios y tienen la capacidad de movilizar e integrar a la gente para que trabaje por un fun común pero adolecen del conocimiento necesario para técnicamente poner en marcha los cambios de una manera adecuada.

Entonces nos volvemos a preguntar quién se hace cargo de los cambios en las organizaciones y la respuesta es: todos. Todos los miembros de la organización tienen que sentirse parte de ellos y encargarse de que se lleven a cabo satisfactoriamente.

Corresponde reformular la pregunta desde una consideración mucho más específica: ¿Quién planifica, orienta, ejecuta y evalúa los cambios? Podemos verlo desde una perspectiva externa y otra interna.

Desde la perspectiva externa son los consultores los que van a colaborar a que los procesos se lleven a cabo de manera provechosa. Con base en su experiencia y conocimientos van a intervenir en la organización y a proponer esquemas de cambio previa discusión con los solicitantes del cambio. Desde el punto de vista organizacional una intervención es según Argyris citado por French y Zawacki (2007:99): "Intervenir es ingresar en un sistema continuo de relación, interponerse entre personas, grupos u objetos con el fin de ayudarles". Es decir que se trata de proporcionar ideas de cómo cambiar el desplazamiento a algo que está en marcha con el propósito de mejorar.

El consultor externo provee procesos y soluciones, en algunos casos "listas para consumir" directamente de la "caja". Una variante sería el Asesor con competencias aun difusas y con necesidad de definir; y el coaching organizacional, de más reciente data, que además de poseer una amplia comprensión de las dinámicas pertenecientes al mundo organizacional, posee métodos y herramientas que permiten amplificar la participación mediante un proceso que denominan de "acompañamiento". A través del coaching, las soluciones se construyen con mayoritaria participación de los "propietarios" del proceso o problema a cambiar, disminuyendo la influencia y reforzando la co-responsabilidad.

Desde la perspectiva interna, el escenario ideal es contar con consultores propios que manejen con claridad los conceptos y prácticas relacionadas con cambio. En la estructura de empresas grandes nos encontramos con un departamento de Gestión Organizacional o de Desarrollo Organizacional que se encargan de enfilar sus baterías para iniciar y desarrollar, de manera permanente, procesos de cambio.

Sin embargo, además de las personas que conocen los aspectos propios del negocio como plataforma técnica para lograr los cambios, es la gente de talento humano (su unidad de gestión) quienes deberían de estar preparados para asumir junto a los equipos técnicos designados a facilitar el flujo de las actividades tendientes a cambiar en la organización.

Algunos autores consideran a la gente que labora en Recursos Humanos como actores principales en los procesos de cambio. De hecho, los denominan "agentes de cambio" para explicitar su rol en tan importante proceso. Uno de ellos es Ulrich (2006:65) quien manifiesta:

> Un cuarto rol clave, por medio del cual los profesionales de RRHH pueden agregar valor a una firma, es conducir la transformación y el cambio. La transformación implica cambios culturales fundamentales dentro de la firma; los profesionales de RRHH que conducen la transformación se convierten en guardianes y catalizadores de la cultura de la empresa.

De allí la importancia de contar con gente capacitada para el departamento encargado de la gente en la organización. Con la formación necesaria y la actitud correcta para tan compleja labor.

RESUMEN

1. Todos los miembros de la organización tienen que sentirse parte de los cambios y encargarse de que se lleven a cabo satisfactoriamente.
2. Desde la perspectiva externa son los consultores los que van a colaborar a que los procesos se lleven a cabo de manera provechosa. Con base en su experiencia y conocimientos van a intervenir en la organización y a proponer esquemas de cambio
3. Algunos autores consideran a la gente que labora en Recursos Humanos como actores principales en los procesos de cambio. De hecho, los denominan "agentes de cambio" para explicitar su rol en tan importante procesoos

ESTRATEGIAS DE CAMBIO

Hemos compartido las razones para cambiar, quienes participan en el cambio y cómo influye el comportamiento de las personas para que los cambios se lleven a cabo. De igual manera hemos suministrado pistas de los responsable y co-responsables de cambiar a la organización.

Una de las piezas más valiosas de ese rompecabezas que representa al cambio organizacional son las estrategias que se llevaran a cabo para que éste se materielice con éxito. Analizaremos de ahira en adelante cuales son las mejores estrategias para gestionar el cambio y que pueden realmente a colaborar en esa misión.

Estrategia # 1

Brindar oportunidades de participación a los miembros de la organización para obtener aceptación en los procesos de cambio.

Podemos afirmar que la mejor forma de iniciar y llevar a cabo exitosamente un proceso de cambio, es mediante el incremento de los niveles de involucramiento y generación de compromiso de las personas a las cuales se les solicita cambiar. Esto va a permitir conocer y buscar resolver las preocupaciones que se pudieran tener respecto a los cambios, consiguiendo aumentar el compromiso por medio de una participación activa, donde puedan aportar y decidir en torno a lo que se quiere modificar.

Es una excelente estrategia para lidiar con la famosa resistencia al cambio, y permite detectar con mayor facilidad quienes lo adversan a través de una política de "micrófonos abiertos" donde cada quien exprese de una manera u otra su disposición al cambio.

Implantación de Estrategia # 1

- Asignación de Grupos de Trabajo de diferentes disciplinas para cada área de cambio.
- Estructuración de Comité de Cambio en las áreas que se consideren pertinentes.
- Articular los grupos para reuniones periódicas de avance informativo

Estrategia #2

Comunicar y explicar las razones organizacionales para iniciar un proceso de cambio a los miembros de la organización.

Nos guste o no es imperativo convencer para que se llevan a cabo unos cambios. Es necesario proporcionar la información que poseemos para explicar las causas por las cuales vamos a cambiar. Esta estrategia hace frente al escenario de preocupación por falta de información. Al usar la información que ha servido para tomar la decisión de cambio y compartirla, aumentan las probabilidades de que las personas comprendan las motivaciones que llevaron a iniciar un proceso de cambio y las razones de la inviabilidad de mantenerse en el estado actual.

Es interesante de igual manera, y como parte integral de la estrategia, fomentar realimentación respecto a lo que piensan las personas posterior a la explicación y si es posible re-pensar la estrategia.

Implantación de Estrategia # 2

- Diseñar Plan de comunicación Interno que incluya la construcción de un mensaje de cambio para los líderes y los grupos.
- Apoyar el discurso de cambio con boletines informativos y material gráfico que reitere el mensaje.
- Proponer instrumentos que permitan pulsar la opinión de los miembros de la organización acerca del cambio.

Estrategia # 3
Desarrollar una visión inspiradora de los resultados del cambio para motivar y generar compromiso de cambio a los miembros de la organización.

Es necesario que el futuro se visualice atractivo producto de la implantación de los cambios. Debe construirse una visión que permita proyectar el futuro mejor que el presente, sino para que cambiamos. La asunción de una actitud ligada al compromiso también está vinculada a las expectativas positivas que se generen respecto al cambio y son directamente proporcionales a la fuerza y empuje que presente la visión.

Implantación de Estrategia # 3

- Diseñar un mensaje único e inspirador que movilice positivamente pensamiento y emociones.
- Realizar cronograma de eventos donde se exponga la visión.
- Proporcionar material de apoyo para reforzar la visión

Estrategia # 4

Proporcionar una sola voz a la organización con un equipo alineado y comprometido con el proceso de cambio.

Es sabido que los cambios no los hace una sola persona. Pero se hace necesario que el mensaje de cambio sea el mismo y se adapte a las situaciones de empuje o resistencia. Esa voz debe generar aliento para continuar y dar ánimo para seguir adelante pero el equipo que la acompañe debe estar alineado y aceitado para manejar el mismo mensaje y no se observen incongruencias ni en el mensaje ni en la ejecución, cualquiera de las dos sería faltas graves en la consecución de resultados exitosos en el proceso de cambio.

Un equipo que no demuestre que esta coherentemente estructurado en discurso y acción es un grupo que "se le ven las costuras" y pierde credibilidad para ayudar al líder a llevar a cabo los cambios. De tal manera que es imperativo que proyecten y demuestren unión y fuerza.

Implantación de Estrategia # 4
- Definir tácticas para la difusión de un solo mensaje.
- Desarrollar tácticas de alineación entre líderes y equipos.
- Buscar y mantener apoyo externo para tener una visión "fuera de la caja".

Estrategia # 5

Monitorear cada etapa de cambio y reconocer los logros de quienes han aportado valor al proceso

Hay que medir como va el proceso mientras avanza o en el peor de los casos mientras se estanca. Lo primero para sostener el éxito en el tiempo y no bajar la guardia y el segundo para rectificar los errores que se estén cometiendo a razón de una mala planificación o una ejecución deficiente. En ambos casos se deben tener principios esenciales de comunicación organizacional como el reforzamientos de comportamientos positivos por medio del elogio y las llamadas de atención correspondientes siempre en privado. Es importante siempre cuidar las relaciones y no dejarse abrumar por las circunstancias adversas que en todo proceso de cambio van con seguridad a presentarse.

Implantación de Estrategia # 4
- Diseñar sistema de indicadores tipo Balancescorecard.
- Reunirse periódicamente para resaltar acciones positivas.
- Implantar incentivos par quines cambien.

BIBLIOGRAFÍA

Covey, Stephen. (1997) Los 7 Hábitos de la Gente Altamente Efectiva. Barcelona. Paidos.

Chiavenato, Idalberto (2009) Gestión del Talento Humano. México. Mcgraw Hill

DeJours, Cristophe (1998) El Factor Humano. Buenos Aires. Editorial Lumen.

Echeverría, Rafael. (2006) La Empresa Emergente. La confianza y los desafíos de la transformación. Buenos Aires. Ediciones Granica.

French, Wendell & Zawaki, Robert (2005) Desarrollo Organizacional. Transformación y Administración Efectiva del Cambio. México. McGraw Hill.

Gibson, James (2006) Organizaciones. Comportamiento, Estructura, Procesos. México. Mc Graw Hill.

Guizar, Rafael (2013) Desarrollo Organizacional. principios y aplicaciones. México. McGraw Hill

Hellriegel, Don & Slocum, John. (2004) Comportamiento organizacional. México. Thomson Editores

Johnson, Spencer. (2000) Quien se ha llevado mi queso. Barcelona. Ediciones Urano

Koontz, Harold (2012) Administración. Una perspectiva global y empresarial. México. McGraw Hill

Mojica, Francisco (1998) Análisis del siglo XXI. Concepto de Prospectiva. México. Alfaomega

Rial. Alberto (2000) Organizaciones, Empresas y Montoneras. Caracas. Editorial Galac

Senge, Peter (2000) La Danza del Cambio. Bogota. Editorial Norma

Soto, Eduardo (2001) Comportamiento Organizacional. Impacto de las Emociones. México. Thomson Learning

Spulber, Daniel. (2005) Estrategia de Gestión. Como hacer un análisis exitoso. MBA, Enciclopedia Gerencial. Barcelona. McGraw Hill

Ulrich, David. (2006) Recursos Humanos Champions. Buenos Aires. Ediciones Granica

Woods, John. (1999) Supervision. Madrid. Thomson Editores.

SOBRE EL AUTOR

Robin Rojas Duno nació en Caracas, Venezuela. Su campo de acción es el aprendizaje en todas sus formas, donde ha intervenido desde la educación formal como profesor universitario, hasta inusitados espacios para el aprendizaje como facilitador de talleres motivacionales en centros penitenciarios.

Ha sido descrito por sus mentores como un "entusiasmólogo" por la motivación de alto impacto que le imprime a sus experiencias de aprendizaje.

Posee más de 20 años de experiencia desempeñándose como consultor, instructor, facilitador y diseñador de cursos y talleres en las áreas de Atención al Cliente, Relaciones Humanas, Motivación al Logro, Manejo de Conflictos, Negociación, Desarrollo Supervisorio, Formación de Equipos de Alto Desempeño, Liderazgo y Comunicación verbal y escrita desde el campo de disciplinas como la Programación Neurolinguistica (PNL) y el Aprendizaje Acelerado, en reconocidas instituciones públicas y empresas privadas dedicadas a la capacitación y al adiestramiento corporativo.

Ha impartido adiestramiento a conocidas y prestigiosas instituciones y empresas tales como: TOYOTA, Banesco, Brahma de Venezuela, Coca Cola FEMSA, Cigarrera Bigott, Mitsubishi Motors Company, , entre otros.

Rojas Duno posee una Maestría en Gerencia Empresarial de la Universidad Fermín Toro de Venezuela y ha cursado estudios de Post-Grado en

Recursos Humanos en la Universidad Metropolitana de donde egresó con el título de Especialista,

Es Licenciado en Educación mención Ciencias Sociales, egresado de la Universidad de Oriente. Asimismo, ha recibido formación en P.N.L., Inteligencia Emocional, Liderazgo, Reingeniería del Pensamiento en diferentes y reconocidas instituciones.

Su trayectoria laboral aunado a su formación académica lo ha impulsado a interesarse y a investigar sobre como ocurre el aprendizaje en las organizaciones; mucho de los frutos de esas indagaciones se encuentra plasmado en este libro.

Una de sus pasiones es buscar la mediación más efectiva entre aprendizaje y conocimiento, sin embargo es un ferviente creyente de la necesidad de aplicarlo, teniendo como premisa guía que "solo la práctica hace al maestro"

Es socio consultor de Interdidactica C.A., firma especializada en adiestramiento organizacional con énfasis en el desarrollo del talento humano.

PARA CONTACTAR CON EL AUTOR

Si desea contactar con el autor para conferencias, talleres y cursos, comunicarse a través de la siguiente dirección de correo electrónico:

interdidactica@gmail.com

Las personas integradas en empresas que quieran poner en práctica las ideas aquí expresadas también pueden recabar diversas herramientas de desarrollo, productos audiovisuales y asesoramiento diverso en Aprendizaje Organizacional Emocional. Entre las herramientas que se ofrecen se halla el «Test de Coeficiente de Aprendizaje Organizacional", que abarca el espectro completo de las habilidades para el aprendizaje dentro de las organizaciones y que puede utilizarse como instrumento de evaluación o, en su forma de «360 grados», como primer paso para desarrollar la "organización que aprende", es decir, tanto para identificar las habilidades que más necesitamos desarrollar como para impulsar el desarrollo de uno mismo. Otros servicios anexos incluyen el diseño y la puesta en práctica de programas de desarrollo en competencias habilidades y de programas de formación de formadores empresariales. Entre los programas y cursos más relevantes se encuentran:

- ❖ Liderazgo y Comunicación
- ❖ Aprendizaje Organizacional
- ❖ Comunicaciones en la Empresa
- ❖ Gestión Emocional en las Organizaciones

Para información detallada de cursos, talleres, conferencias y consultoría en el área de aprendizaje organizacional:

www.interdidacticaonline.com.ve

www.ingramcontent.com/pod-product-compliance
Lightning Source LLC
Chambersburg PA
CBHW021037180526
45163CB00005B/2172